LES PRÉFETS ET LES MAIRES

LES PRÉFETS

EN TOURNÉE DE RÉVISION

PAR

Charles DE LACOMBE.

Prix : 25 centimes.

PARIS

A. SAUTON, ÉDITEUR,

8, rue des Saints-Pères, au premier.

1869

élections. C'est peut-être l'une et l'autre raison qui a dirigé le gouvernement; il lui faut à la fois des soldats en armes et des électeurs soumis.

Qu'il soit dans ces promenades administratives fort question des candidats, c'est ce qui ne fait doute pour personne. La chose est illégale; les conseils de révision ne sont pas des réunions politiques; mais nous n'en sommes plus, comme le disait M. Thiers, *à compter les illégalités.*

Le préfet vantera donc aux populations les mérites du candidat officiel; il est même probable qu'il le leur présentera, et que, tandis qu'il attaquera avec une honnête vigueur ses adversaires absents, on verra le candidat officiel paraître discrètement à ses côtés.

Le spectacle ne laisse pas que d'avoir parfois un piquant aspect. Il y a tel préfet qui est, de notoriété publique, brouillé avec son député, et il a pour cela ses raisons. Le député, sans lui en rien dire, n'a-t-il pas été demander au ministère sa destitution ? On devine quelle paire d'amis font ces deux compagnons. Ils ne s'en vont pas moins, l'un escortant l'autre, dans tous les cantons de la circonscription, le député serrant de près son préfet, le préfet ayant toujours sur les lèvres le nom de son député, qu'il ne porte pas pour cela dans son cœur.

Il est vrai que le budget est là pour récompenser ce pauvre préfet de son abnégation. Mais les électeurs, qui donnent au budget beaucoup plus qu'ils n'y prennent, n'ont pas les mêmes motifs d'indulgence envers le candidat officiel.

Véritablement il faut à ce candidat une forte assurance pour oser se recommander, le jour de la révision, à la faveur de ses concitoyens. Voilà de braves jeunes gens qui sont à la veille de quitter leurs foyers et de se rendre au service. Leur père, leur mère sont là, attendant avec anxiété l'arrêt qui doit les enlever à leur affection. Jadis on ne prenait que 80,000 hommes, et pour eux la chance était plus grande de conserver leur enfant. Aujourd'hui on en veut 100,000 ; bientôt peut-être 110,000. Jadis le service était de *sept* années, temps déjà bien long pour leur impatience ; aujourd'hui il est de NEUF ans. Le préfet leur dira sans doute qu'au bout de cinq ans leur fils sera mis à la réserve ; mais ce qu'il oubliera d'ajouter, c'est que si la guerre éclate, il n'y aura pas de réserve. Ce qu'il oubliera de rappeler, parmi les titres du candidat officiel, c'est que ce candidat a voté toutes les guerres voulues par le gouvernement, et que, les ayant votées hier, il les votera demain.

Jadis, enfin, les hommes qui avaient tiré un bon numéro étaient dégagés de tout service. Aujourd'hui, il n'y a plus proprement de BONS NUMÉROS. Ceux que le sort n'a pas voués à la caserne sont, pour quatre ans, incorporés dans la garde mobile. Il suffit d'un décret pour les appeler, durant vingt jours, à l'activité, et si la guerre, que n'a jamais empêchée, notez le bien, le candidat officiel, vient à recommencer, les voilà soldats.

Eh bien ! électeurs, qui vous a valu tous ces résultats ? Précisément le député que le préfet vient vous présenter. Il a voté de confiance tout ce que lui a demandé le gouvernement. Vous pen—

siez l'avoir élu pour qu'il donnât des conseils au pouvoir et qu'il prévînt ses erreurs ; il n'a rien prévenu ni rien conseillé. Il a tout approuvé et tout consenti.

Il a voté la guerre d'Italie, la guerre du Mexique, les événements d'Allemagne ; il a voté les charges militaires, qu'ont nécessitées les fautes encouragées par son suffrage ; le service était de *sept* ans, il l'a porté à NEUF. Le contingent était de 80,000 hommes ; il a refusé de le ramener à ce chiffre, comme le voulait l'opposition, et il l'a maintenu à 100,000. Les jeunes gens qui avaient tiré un bon numéro étaient libérés ; il les a fait rentrer dans la garde mobile, sous la menace constante, à cette heure troublée, d'être d'un jour à l'autre mis en activité.

Si vous aviez eu des députés indépendants, libres de toute attache officielle, vous n'auriez eu à subir aucune de ces aggravations ; car les députés de l'opposition les ont toutes combattues.

Saluez donc, électeurs, le candidat officiel à qui vous les devez, et repoussez le candidat indépendant qui vous les eût épargnées.....

Telle sera la conclusion de M. le préfet.

Mais nous n'avons pas énuméré tous les hauts faits du candidat officiel.

En se rendant, pour le conseil de révision, au chef-lieu du canton, il est, dans nos campagnes, bon nombre d'habitants qui auront gémi sur le mauvais état de leurs chemins; « Ah ! se seront-ils dit, si notre député pouvait nous venir en aide! S'il faisait voter à l'assemblée de Paris des fonds pour nos routes! » Plaintes inutiles ! Désirs superflus ! Electeurs, il n'y a plus d'argent. Ces mêmes guerres, où sont peut-être restés quelques-uns de vos enfants, ont ruiné le budget. Ces armements, cette garde mobile, ces grands travaux militaires, conséquence de la politique appuyée par le candidat officiel, ont pris les fonds qui auraient pu être si utilement employés à vos routes.

Et le peu qui en restait, savez-vous qui l'a absorbé? Que dis-je, savez-vous qui a déjà engagé l'avenir? C'est le préfet de la Seine. Vous parlez de vos chemins défoncés, de vos routes à construire, de vos ponts à relever, de vos communications trop souvent interrompues ; mais il y avait à Paris des rues larges comme les routes impériales, que le préfet de la Seine a trouvé bon de démolir ; il y avait à Paris des boulevards à percer, des théâtres à élever, des cascades à inventer, des promenades à imaginer aux buttes Montmartre ou au Trocadéro.

Tout cela a dévoré beaucoup d'argent. Vous vous demanderez, comme le faisait un député indépendant, M. Javal, ce que les départements ont à voir dans ces dépenses-là. Il paraît que le député qui représente votre circonscription a oublié ce détail ; peut-être même est-il de ceux qui ont voulu faire taire M. Javal lorsqu'il posait la question. Ce qui est certain, c'est que, pour la plupart, les candidats officiels ont tout voté. Cette année seulement, ils ont voté 465 millions que le préfet de la Seine avait empruntés sans autorisation ; ils ont voté 19 millions que réclamait le bouleversement du Trocadéro. Depuis dix-sept ans, savez-vous combien, grâce à la tolérance des candidats officiels, la ville de **Paris** a pris d'argent? Environ 2 milliards, c'est-à-dire, comme le fait remarquer le *Journal de l'Agriculture*, 500 millions de plus qu'il n'eût fallu pour achever le réseau vicinal de tout l'Empire. Le budget de 1870 prend, pour le théâtre de l'Opéra seul, 820,000 fr., presque le double de ce qui est accordé aux Sociétés d'agriculture et aux Comices de la France entière.

Vous n'en seriez pas là si les candidats indépendants avaient eu la majorité. Ces prodigalités abusives, ils les ont toujours repoussées ; ces désordres de la préfecture de la Seine, ils les dénoncent depuis plus de dix ans. Si le gouvernement les a enfin reconnus cette année, c'est que l'opposition l'y a forcé; s'il ne les a pas reconnus plus tôt, c'est que les candidats officiels ne voulaient jamais entendre les avertissements de l'opposition.

Votez donc pour ces candidats officiels qui, non contents d'accorder à Paris les fonds nécessaires à la grandeur de la capitale, lui ont prodigué, pour d'inutiles dépenses, tant de millions qui auraient servi à améliorer vos chemins, à réparer vos églises, à multiplier vos écoles, à entretenir vos travaux, à développer tout ensemble vos ressources morales et matérielles. Votez pour les candidats officiels, afin qu'ils poursuivent, à la prochaine session, l'œuvre si bien commencée, et qu'ils continuent de soutenir par leurs votes des guerres qui vous privent de vos enfants, et des entreprises qui enlèvent à l'agriculture les bras et les capitaux !

Telle sera encore la conclusion de M. le préfet.

Mais les électeurs en auront une autre.

Ils répondront au préfet : « Gardez votre homme pour vous, puisque vous en êtes si content. Désigné par le gouvernement, il est naturel qu'il ne fasse que la volonté du gouvernement. Pour nous, nous voulons un député qui soit notre homme à nous, et qui, ne devant son mandat qu'à nos libres suffrages, ne s'inspire par là même que de nos intérêts et de nos droits. »

II.

LES PRÉFETS ET LES MAIRES.

Il est toute une catégorie d'électeurs à qui les préfets, dans leur tournée de révision, vont particulièrement recommander les candidats officiels : ce sont les maires et les adjoints.

Profitant d'un préjugé trop facilement accueilli, ils ne se contenteront pas de leur vanter les mérites de leur protégé ; ils feront aux magistrats municipaux un devoir et leur donneront presque l'ordre de l'appuyer auprès de leurs administrés.

Il importe de préciser à cet égard les droits et les obligations de chacun.

On le sait, nous estimons que les maires ne devraient relever que des électeurs. Tout au moins le gouvernement ne devrait-il les choisir, comme il faisait avant 1848, que sur une liste arrêtée par le conseil municipal. Un honorable député, M. Chevandier de Valdrôme, affirmait dernièrement au Corps législatif que les membres les plus considérables de la commission municipale de Paris étaient les premiers à réclamer l'élection, persuadés que le suffrage de leurs concitoyens ne leur manquerait pas et qu'il donnerait à leur mission une tout autre autorité. Il en est ainsi, nous en sommes convaincu, parmi les maires de nos diverses communes. Les meilleurs d'entre eux, ceux qui ont le mieux su gagner la confiance de leurs administrés, exprimeraient, s'ils étaient consultés, le même avis et le même désir.

Mais, quelles que soient à ce sujet les vues du gouvernement, les principes ne sauraient varier.

Même nommés directement par le pouvoir, les maires n'en sont pas moins, il faut qu'ils le sachent, complètement à l'abri, en matière électorale, de sa surveillance et de sa direction. Il n'en résulte nullement qu'ils doivent, de parti pris, contredire la pensée de l'administration. Ils sont, sur ce point, dans la situation des autres électeurs ; ils votent comme ils l'entendent, et, de même qu'ils n'ont le droit d'imposer leur sentiment à personne, ils n'ont aucune consigne à recevoir du gouvernement.

Cette vérité est de jour en jour mieux comprise des municipalités. Les journaux retentissent de protestations formulées par les maires contre les exigences de certains préfets; dans un grand nombre de localités, les maires ont adhéré au vœu manifesté par leur conseil pour qu'à l'avenir aucun bulletin ne soit distribué par les agents salariés de la commune. Tout annonce que les magistrats municipaux, éclairés par les événements, encouragés par l'opinion publique, commencent à se rendre un compte plus exact de leurs devoirs et de leurs droits.

Ce n'est pas seulement au nom de la loi qu'ils sont fondés à décliner, en matière électorale, les injonctions des préfets. C'est encore au nom des déclarations expresses du gouvernement.

Le gouvernement s'est attaché, en maintes circonstances, à proclamer l'indépendance électorale des maires et des adjoints. Il a fait plus que de la reconnaître ; il s'est indigné, dans les termes les plus énergiques, qu'on pût la révoquer en doute :

« Non, s'écriait le 16 mars 1861 M. Baroche, aujourd'hui ministre de la justice, NON, LES MAIRES NE SONT PAS DESTITUÉS QUAND ILS VOTENT SELON LEUR CONSCIENCE CONTRE LE CANDIDAT DU GOUVERNEMENT, NON, ILS NE SONT PAS DESTITUÉS QUAND ILS NE FONT PAS VOTER POUR LE CANDIDAT DU GOUVERNEMENT. »

Même accent, même énergie, l'année dernière, de la part du ministre d'État, répondant à M. Thiers, comme vient de le rappeler fort à propos M. Louis de Ségur (1), conseiller-général de Seine-et-Marne.

Voici dans quels termes la question s'était présentée (*Séance du 2 juillet 1868*) :

M. THIERS.— Est-il vrai que, dans une administration bien entendue, M. le ministre de l'intérieur commande aux préfets et que les préfets commandent aux sous-

---

(1) Le même éditeur a publié l'*Indépendance des maires* et l'*Agriculture et la Liberté*, de M. Louis de Ségur ; ces deux brochures, du même format que la présente, se vendent 25 centimes et sont très-bonnes à répandre.

préfets? Est-il vrai que les uns et les autres donnent des ordres qui sont toujours fort obéis, à MM. les maires? Il y a ici des membres du conseil d'Etat; qu'ils me disent : oui ou non.

S. EXC M. ROUHER, ministre d'Etat. — NON.

M. THIERS. — M. le ministre me répond : Non !

M. LÉ MINISTRE D'ÉTAT. — CE N'EST PAS TOUJOURS VRAI POUR LES MAIRES QUI ONT DES ATTRIBUTIONS PROPRES : ET LES PRÉFETS NI LES SOUS-PRÉFETS, DANS CE CAS, N'ONT RIEN A LEUR COMMANDER.

M. THIERS. — Oui, mais vous pouvez les destituer.

M. ERNEST PICARD. — Il faudrait les faire nommer par les électeurs.

M. THIERS. — Eh bien ! soit. Les maires sont indépendants ; nous pourrons en juger dans quelques mois. Ils sont, je crois, 37,000 en France : JE LES SUPPLIE D'ÉCOUTER CES PAROLES « LES MAIRES SONT INDÉPENDANTS ! » (Rires et approbation à gauche de l'orateur.)

M. JULES FAVRE. — Nous verrons cela aux élections.

M. LE MINISTRE D'ÉTAT. — OUI, J'ESPÈRE QU'ILS VOUS LE PROUVERONT !

Ainsi le gouvernement n'a point varié dans ses déclarations. Il a toujours reconnu de la manière la plus formelle qu'en fait d'élection, les maires échappaient à son autorité. Nous laissons à des agents trop zélés le soin de soutenir que ces sortes de déclarations sont bonnes pour la Chambre et ne vont pas au delà. Nous ne ferons pas au gouvernement l'injure de croire qu'au moment où il avance devant le Corps législatif de France une proposition, il formule tout bas la pensée contraire.

Comment aurait-il pu d'ailleurs tenir un autre langage? Les maires et les adjoints ne sont-ils pas électeurs? Membres, pour la plupart, des conseils municipaux, ne connaissent-ils pas, mieux que les préfets, les intérêts et les vœux de leurs communes? Le gouvernement, pour défendre son système de candidatures officielles, avait annoncé le dessein de ne jamais arrêter ses choix que d'après l'avis des maires. La précaution n'eût pas justifié ses empiétements sur le droit des électeurs. Mais elle indiquait du moins qu'il sentait le besoin de s'éclairer auprès des maires bien plus que de les diriger. N'eût-il pas été, dès lors, par trop étrange qu'il prétendît leur donner des ordres, là où il avouait la né-

cessité de prendre leurs conseils, et qu'il
voulût leur dicter leur ligne de conduite
là où il reconnaissait en savoir moins
qu'eux?

Les magistrats municipaux ne peu-
vent donc à cet égard concevoir aucun
doute ni se faire aucun scrupule. Si un
préfet s'oubliait jusqu'à vouloir leur imposer son candidat, ils sauraient lui ré-
pondre avec le texte de la loi et les déclarations du gouvernement. Électeurs,
comme leurs administrés, ils ont les
mêmes sentiments, les mêmes intérêts,
les mêmes devoirs. Comme eux, ils ont
souffert de la politique appuyée par les
candidats officiels; comme à eux, cette
politique leur a valu des accroissements

de charges et des aggravations d'impôts ; ils ont les mêmes raisons de repousser le candidat du préfet, et quand
celui-ci viendra le leur recommander,
ils ne seront que les interprètes de leur
commune en refusant d'agir ou de voter
pour lui.

CHARLES DE LACOMBE.

Paris.—Imprimerie de E. Brière, 257, rue Saint-Honoré.

LES FINANCES

ET

LE MONOPOLE DU TABAC

Par M. DE JANZÉ

Député des Côtes-du-Nord.

Grand in-8° à 2 colonnes. — Prix : 1 fr. 25.

Envoi *franco* contre timbres-poste.